まちごとチャイナ
北京 004

天壇と旧崇文区
外城と「天」への祭祀
［モノクロノートブック版］

北京市街の南に広がる天壇公園は、270平方kmもの敷地をもち、その面積は故宮の4倍にもなる。ここは「天円地方」という中国の礼制をもとに都市の南郊に配置された聖域で、陰から陽へ転ずる冬至の日、明清の皇帝による天への祭祀が行なわれた。

　1420年、明の第3代永楽帝によって祭祀のための天壇が築かれたとき、この地は北京の城壁の外側にあたった。その後、第12代嘉靖帝の時代(16世紀なかごろ)に、たび重なるモ

ンゴル族の侵入に備えて、外城が築かれたため、天壇は北京城のなかにくみこまれることになった。

17世紀、満州族による清代に入ると、内城に暮らしていた漢族はこの外城へと移住することになり、故宮の真南にあたる前門が内城と外城をわけていた。前門から南にのびる前門大街では、料理店、茶店や漬物などの店舗や職人、芸人がにぎわいを見せ、庶民の文化が花開いた。この前門大街、天壇公園をふくむ外城東半分が旧崇文区となっている。

Asia City Guide Production
Beijing 004
Tiantan
天坛／tiān tán／ティエンタン

|まちごとチャイナ｜北京 004｜

天壇と旧崇文区
外城と「天」への祭祀

「アジア城市（まち）案内」制作委員会
クラブインターナショナル

**まちごとチャイナ
北京 004
天壇と旧崇文区**

Contents

天壇と旧崇文区 ……………………… 007

冬至に催された天の祭祀 ……………… 013

天壇公園鑑賞案内 ……………………… 019

東交民巷城市案内 ……………………… 035

前門城市案内 …………………………… 047

崇文西部城市案内 ……………………… 059

北京駅城市案内 ………………………… 069

北京街の構成と外城 …………………… 077

崇文東部城市案内 ……………………… 085

潘家園城市案内 ………………………… 093

天壇と暦制定の歩み …………………… 099

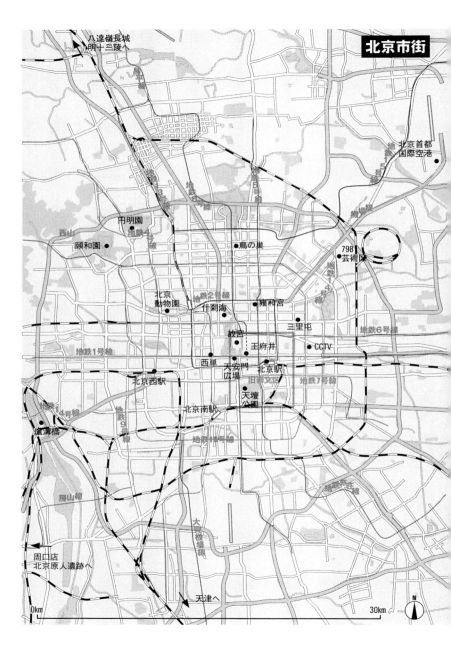

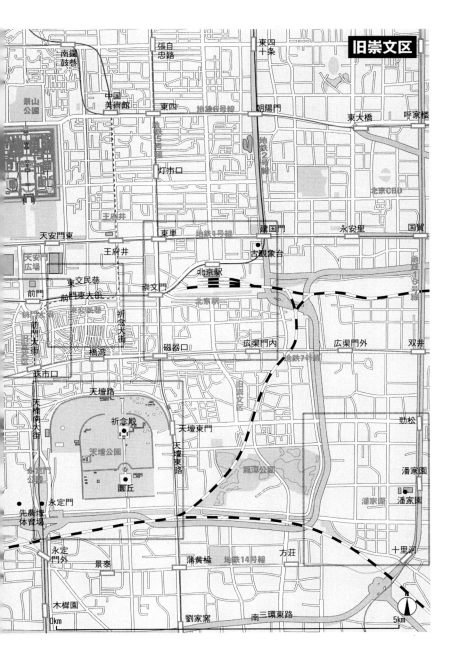

★★★
天壇公園／天坛公园 tiān tan gōng yuánティエンタンゴンユェン
祈念殿／祈念殿 qí niàn diànチィニェンディエン
圜丘／圜丘 huán qiūフゥアンチゥ
前門大街／前门大街 qián mén dà jiēチェンメンダァジエ
★★☆
東交民巷／东交民巷 dōng jiāo mín xiàngドンジャオミンシャン
前門（正陽門）／前门 qián ménチエンメン
★☆☆
珠市口／珠市口 zhū shì kŏuチュウシーコウ
永定門／永定门 yŏng dìng ménヨンディンメン
北京駅／北京站 bĕi jīng zhànベイジンチャン
崇文門／崇文门 chóng wén ménチョンウェンメン
古観象台／古观象台 gŭ guān xiàng táiグゥガンシャンタイ
潘家園／潘家园 pān jiā yuánパンジャアユェン

Introduction
冬至に催された天の祭祀

天壇公園は北京南部の広大な地に広がる
その敷地面積は故宮の4倍
ここで皇帝が天をまつる祭祀が行なわれた

天への信仰

　降雨の量や干ばつなどに経済を左右される農耕社会の中国では、皇帝による天への祭祀が国の命運をにぎるもっとも重要なものとなってきた(皇帝は天の代理者である天子、もしくは天そのものと見なされ、黄河の氾濫や疫病、戦争などすべての社会要因をつかさどるとされた)。この天への祭祀は儒教が国教化された漢代に体系づけられ、都の南に祭祀壇が築かれるようになった。「天」の概念は遊牧民を出自とする周が中国にもちこんだと言われ、北方民族に共通して天への信仰が見られるほか、天への祭祀は日本の大嘗祭との関係も指摘される。

天の運行を把握する

　地球が太陽のまわりを一周する1年は正確には365.2422日のため、古くから人類はより正確な暦の作成を目指してきた。中国では西洋の太陽暦とともに、中国独自の太陰太陽暦が使われている。月の満ち欠けを見て、ひと月(1か月29.53059日)を把握するが、陰暦では毎年11日ずつ季節がずれて進む。そのためそれとは別に、冬至の日を起点に1年の太陽の運行をはかり、それを24等分して立春や雨水などの24節気を設け、正確な季節を把握した(古代殷の時代から、棒を立て

て影が長くなる冬至を設定)。こうして中国では月日を刻む陰暦と季節を把握する太陽暦をくみあわせ、閏月(13月)をおくことでより正確な暦としてきた。

陰陽説と天壇

「天と地」「男性と女性」「円形と方形」「奇数と偶数」「有と没有」など、物事を陰陽にわけて世界を説明しようとする陰陽説は中国人の世界観の基本をなすと言われる。たとえば太陽の陽射しがもっとも短くなる冬至を陰、夏至を陽とし、そこから陰と陽のまじわりで春や秋という四季が説明される。このような考えかたをふまえ、皇帝による天への祭祀は陽が伸びはじめる冬至の夜明けに、都市南郊におかれた円形の壇で行なわれた(地壇は北郊外にあり、方形基壇)。

祭祀のときには火がたかれた

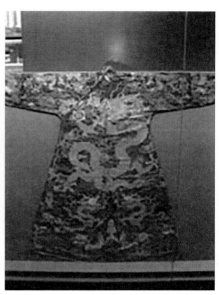
龍があしらわれた衣装、天壇での祭祀で皇帝が着用した

青、緑、黄色などの屋根瓦は五行説と関係する

北京南部に広大な敷地をもつ天壇公園

Tian Tan Gong Yuan
天壇公園鑑賞案内

皇帝が天への祭祀を行なった圜丘
青い瓦でふかれた祈念殿
天と地が交わる世界

天壇公園／天坛公园 ★★★
tiān tán gōng yuán
てんだんこうえん／ティエンタンゴンユェン

　天壇公園は明清時代に皇帝による祭祀が行なわれた聖域だったところで、東西1680m、南北1650mの敷地を周囲6.4kmの城壁が囲む。敷地内はさらに外垣と内垣が二重にめぐり、外壇と内壇、さらに内壇は成貞門をさかいに南壇と北壇にわけられる。南壇には圜丘と皇穹宇が、北壇には祈念殿と皇乾殿が位置し、それらは軸線にそって配置されている。中国には古くから「天円地方」の考えがあり、南郊外の天壇は円形、北郊外の地壇は方形となっているほか、天壇公園の敷地は前方(南)が方形で後方(北)が半円の前方後円のかたちをしている。現在では世界遺産にも指定され、公園として開放されている。

宰牲亭／宰牲亭 ★☆☆
zǎi shēng tíng
さいせいてい／ザイシェンティン

　祈念殿の北東に立つ宰牲亭。祭祀の犠牲となる動物がほふられた場所で、祈念殿の祭祀では牛が捧げられることが多かった。

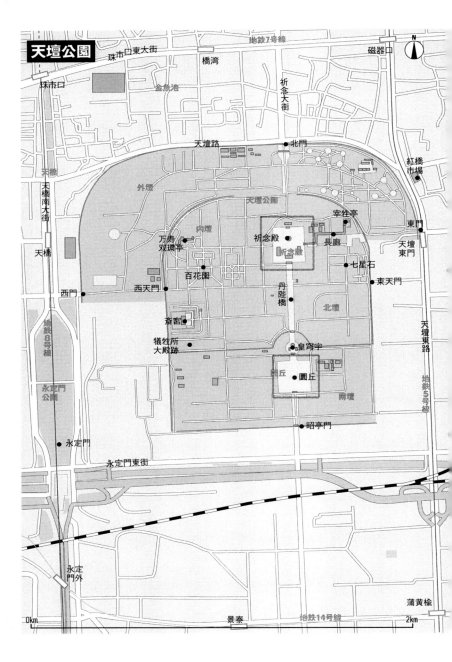

七星石／七星石 ★☆☆
qī xīng shí
しちせいせき／チイシンスィー

宰牲亭の南側に配置された七星石。不動の北極星（皇帝に見立てられる）のまわりを周回する北斗七星が表現されている。

長廊／长廊 ★☆☆
cháng láng
ちょうろう／チャンラン

頤和園の長廊とともに北京を代表する廊下で、その長さは300m近くにもなる。地元の北京市民が集まって、思い思いの時間を過ごす姿が見られる。

祈念殿／祈念殿 ★★★
qí niàn diàn
きねんでん／チィニェンディエン

漢白玉石の三層壇のうえに立つ高さ38mの祈念殿。円形の本体に青の瑠璃瓦が載り、北京を代表する壮麗な史蹟として知られる。祈念殿の念は「稔」を意味し、正月15日に皇帝

★★★
天壇公園／天坛公园 tiān tán gōng yuán ティエンタンゴンユェン
祈念殿／祈念殿 qí niàn diàn チィニェンディエン
圜丘／圜丘 huán qiū フゥアンチュウ

★★☆
皇穹宇／皇穹宇 huáng qióng yǔ ファンチョンユウ

★☆☆
宰牲亭／宰牲亭 zǎi shēng tíng ザイシェンティン
七星石／七星石 qī xīng shí チイシンスィー
長廊／长廊 cháng láng チャンラン
皇乾殿／皇乾殿 huáng qián diàn ファンチャンディエン
祈念門／祈念门 qí niàn mén チィニェンメン
丹陛橋／丹陛桥 dān bì qiáo ダンビィチャオ
斎宮／斋宫 zhāi gōng チャイゴン
紅橋市場／红桥市场 hóng qiáo shì chǎng ホンチャオシイチァアン
天橋／天桥 tiān qiáo ティエンチャオ
永定門／永定门 yǒng dìng mén ヨンディンメン

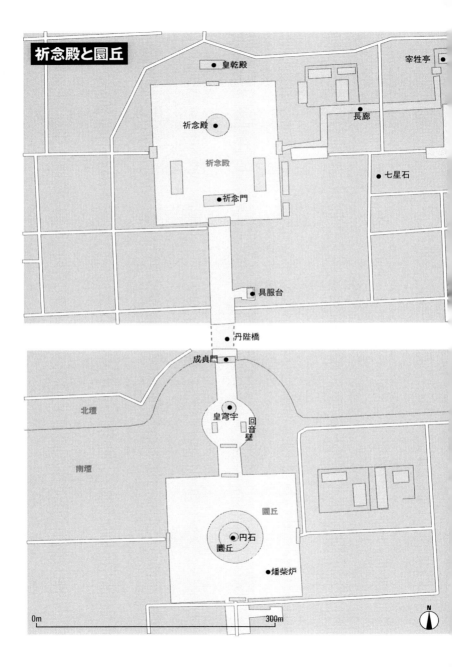

が天をまつってここで五穀豊穣を祈願した。明の永楽帝によって建てられ、大亨殿と呼ばれていたが、1751年に祈念殿と改名された。1889年には落雷で一時、破壊をこうむったが、その後、再建を繰り返して現在にいたる。

祈年殿内部の構造

　円形をした祈年殿の内部は棟木、梁、釘を使わない構造となっていて、雲南省からとりよせた楠材をもちいた28本の円柱が立つ。そのうち24本は24節気(および12ヵ月、12の時刻)を表し1年を、残りの4本は四季を表しているのだという。殿内には位牌、卓、宝座が安置されているほか、地面には龍と鳳の文様が彫られた大理石の円盤がはめこまれている。

皇乾殿／皇乾殿 ★☆☆
huáng qián diàn
こうかんでん／ファンチャンディエン

　天帝をはじめ天、地、風、雲、雨などをつかさどる諸神の神位が安置された皇乾殿。祈念殿の北側に位置し、祭祀にあ

★★★
天壇公園／天坛公园 tiān tán gōng yuán ティエンタンゴンユェン
祈念殿／祈念殿 qí niàn diàn チィニェンディエン
圜丘／圜丘 huán qiū フゥアンチュウ

★★☆
皇穹宇／皇穹宇 huáng qióng yǔ ファンチョンユゥ

★☆☆
宰牲亭／宰牲亭 zǎi shēng tíng ザイシェンティン
七星石／七星石 qī xīng shí チイシンスィー
長廊／长廊 cháng láng チャンラン
皇乾殿／皇乾殿 huáng qián diàn ファンチャンディエン
祈念門／祈念门 qí niàn mén チィニェンメン
丹陛橋／丹陛桥 dān bì qiáo ダンビィチャオ
具服台／具服台 jù fú tái ジュウフゥタイ
回音壁／回音壁 huí yīn bì フイインビィ
円石／円石 yuán shí ユァンシー
燔柴炉／燔柴炉 fán chái lú ファンチャイルゥ
斎宮／斋宫 zhāi gōng チャイゴン

天壇公園は世界遺産にも指定されている

北斗七星を意味する石が配置されている

長廊付近の様子、人々はトランプや将棋を楽しむ

祈年殿の北側に位置する皇乾殿、青色の瑠璃瓦でふかれている

円形のプランをもつ祈念殿

たってここから神位が祈念殿に移された。明の嘉靖帝時代に改修され、当時は黄色の瓦がふかれていたが、清の乾隆帝の時代に青の瑠璃瓦になった。

祈念門／祈念门 ★☆☆
qí niàn mén
きねんもん／チィニェンメン

　祈年殿と丹陛橋を結ぶ間口33mの祈念門。この門からは祈念殿の美しいたたずまいが見えるほか、南側からの祈年殿への門楼となっている。1545年、明の嘉靖帝の時代に建てられ、直径70cmの門柱には楠が使われている。

丹陛橋／丹陛桥 ★☆☆
dān bì qiáo
たんへいきょう／ダンビィチャオ

　丹陛橋は圜丘から祈念殿へと伸びる石づくりの大道。幅28m、高さ2.5mで立体橋となっており、下側に犠牲のための牛などが通る道が配置されている。

具服台／具服台 ★☆☆
jù fú tái
ぐふくだい／ジュウフゥタイ

　祈念殿の南東に位置する具服台。斎宮で斎戒を終えた皇帝が祭祀に向かう前に、ここで休憩し、祭祀用の衣裳へ衣を替えた。このときに具服台には高さ3mの黄色の天幕がはられていたという。

皇穹宇／皇穹宇 ★★☆
huáng qióng yǔ
こうきゅうう／ファンチョンユウ

　昊天上帝と歴代皇帝の神位がおさめられた皇穹宇。高さ19.5m、直径15.6mで、屋根は青瑠璃瓦でふかれている。明代

祈年殿内部、皇帝によって五穀豊穣の祭祀が行なわれた

水中にすむという螭(ち)の彫刻

皇帝はここで祭祀用の衣装をまとった、具服台

皇穹宇のたたずまい、青色の屋根は天を意味する

回音壁、180度反対へ円型の壁を音が伝わる

皇帝が天と向かいあった円石

冬至の日、圜丘でもっとも重要な祭祀が行なわれた

の1530年に創建されたときは緑色の瑠璃瓦だったが、清の乾隆帝の時代に青瑠璃瓦の円錐形屋根になった。

回音壁／回音壁 ★☆☆
huí yīn bì
かいおんへき／フイインビィ

　皇穹宇を囲む直径65mの円垣、回音壁。壁に向かって話をすると、円形の壁を伝わって音が反対へ伝わる回音現象が起こる。また皇穹宇南側の三音石と呼ばれる床石にも音が響くような効果がしかけられている。

圜丘／圜丘 ★★★
huán qiū
えんきゅう／フゥアンチュウ

　圜丘は天壇の中心にあたり、ここで冬至の日に皇帝による祭祀が行なわれた(そのため祭天台、拝天台、祭台とも言われる)。方形の基壇のうえに、周囲に欄干をめぐらせた三層の円形基壇が載り、圜丘自体が天円地方を示している。祭祀の日には、この壇上で芝を焼いて、昊天上帝の位をたてまつり、皇帝が三跪九拝を行なって儀式が進められた。北京の天壇は元代にあった壇をふまえて、1420年、明の第3代永楽帝が築き、当時は二層だったが第12代嘉靖帝の1530年に改修されて三層となった。1749年、清の第6代乾隆帝によって拡張され、高さ5.18m、上層、中層、下層すべてに白大理石を敷きつめる現在のかたちになった(水中にすむ龍の一種、螭が排水口として装飾されている)。

円石／円石 ★☆☆
yuán shí
えんせき／ユァンシー

　圜丘の最上層の中心におかれた円石。祭祀にあたって皇帝が立ち、天帝と向かいあった場所で、この円石を中心に圜

天への供物が捧げられた燔柴炉

丘には9(皇帝を意味する極数)、18、27と床石が敷きつめられている。円石には小さな音を増幅させる特殊な効果がほどこされているため、音をたてると四方に反響する。

圜丘にこめられた数字

　圜丘の階段、欄干、舗面石には皇帝を示す9や9の倍数、数字が埋めこまれている(また陽数の1、3、5、7、9が隠されている)。欄干の板の数は360で、太陽が1年で一周する360度を意味する。圜丘の3層のうち上層が9丈(29.7m)、中層が15丈(49.5m)、下層が21丈(69.3m)からなり、それぞれ1×9、3×5、3×7という数字をもとに計算されたのだという。

燔柴炉／燔柴炉 ★☆☆
fán chái lú
ばんさいろ／ファンチャイルゥ

　冬至の日の出(午前4時)に行なわれた天への祭祀は、燔柴の儀をはじまりとした。斎宮を出た皇帝が具服台から圜丘にいたると、圜丘の周囲におかれた燔柴炉に松の薪がたかれ、牛、羊、ブタなどが捧げられた。この香ばしい煙が天にいたると、天の神が地上へ降りてくると信じられていた。緑色の瑠璃磚でつくられた燔柴炉は高さ2.8mで、清代になった1660年の祭祀のときから使われるようになった。

斎宮／斎宮 ★☆☆
zhāi gōng
チャイゴン

　祈念殿の西側に立つ、周囲に二重の溝をめぐらせる斎宮。皇帝は祭祀前の3日間をここで斎戒して過ごした。正殿5室、寝殿5室からなる規模をもち、寝殿には浴室も見られる。また斎宮南の犠牲所大殿では、犠牲となる動物の飼育がされていた。

天壇公園の軸線から西に離れて位置する斎宮

皇帝を意味する龍の彫刻

斎宮の周囲をめぐる堀

東交民巷城市案内

Dong Jiao Min Xiang

**明清時代には五府六部がおかれ
その後、近代史の舞台となった東交民巷
北京最長の全長1552mの胡同でもある**

東交民巷／东交民巷★★☆
dōng jiāo mín xiàng
とうこうみんこう／ドンジャオミンシャン

　故宮南東、天安門広場から東に走る東交民巷は、近代以降、イギリス、フランス、ロシア、アメリカ、ドイツ、日本などの外国公使館、銀行や商社などがおかれた場所で、今でも西欧風の建築が残っている。19世紀まで清朝は鎖国政策をとっていたが、二度のアヘン戦争で開国をよぎなくされた。そのとき東交民巷に各国の施設がおかれ、また1900年に勃発した義和団事件が八カ国連合軍によって鎮圧され、各国と清朝のあいだで北京議定書が結ばれるとここは公使館地区となった。当時は一般の中国人の立ち入りが禁じられ、囲壁をめぐらしその外側に空き地をもうけていたので要塞のようだったという(租界と違って自治権はなかったが、治外法権の場となっていた)。各国の公使館、ホテルや教会、郵便局の続く町並みを西欧人が行き交うという状況は1949年まで続いた(旧横浜正金銀行が日系、旧東方匯理銀行がフランス系、旧徳華銀行がドイツ系の銀行)。

東交民巷の歴史

　東交民巷の歴史は元代までさかのぼり、「東江米巷」と呼ばれていたのがなまって東交民巷になったという。この名前は、この地に江南で収穫された米(江米)を陸揚げする巷(小さな通り)があったことに由来し、隋以降、豊かな南方の食料を運河で北方に運ぶようになっていた。また皇帝に謁見する外国の使節が滞在する鴻臚寺も東交民巷あたりにあった。義和団事件のさいには、外国人の暮らす東交民巷は義和団の襲撃を受け、各国の外交官やその家族はここに籠城することになった(『北京の55日』として知られる)。また中華民国時代になって、紫禁城を追い出された清朝の愛新覚羅溥儀が身を寄せたのも東交民巷の日本大使館だった(日本人によって設計された日本大使館旧址が残っている)。近代、東交民巷が公使館街だったのに対して、対に位置する西交民巷には中国資本

★★☆
東交民巷／东交民巷 dōng jiāo mín xiàng ドンジャオミンシャン
便宜坊／便宜坊 pián yí fāng ピィエンイイファン

★☆☆
中国鉄道博物館正陽門展館／中国铁道博物馆正阳门展馆 zhōng guó tiě dào bó wù guǎn zhèng yáng mén zhǎn guǎn チョングゥオティエダァオボオウゥグゥアンチェンヤァンメンヂァングゥアン
北京都市計画展覧館／北京市规划展览馆 běi jīng shì guī huà zhǎn lǎn guǎn ベイジィンシイグイフゥアヂャンラァングゥアン
旧アメリカ大使館／美国使馆旧址 měi guó shǐ guǎn jiù zhǐ メイグゥオシイグゥアンジゥチイ
北京警察博物館／北京警察博物馆 běi jīng jǐng chá bó wù guǎn ベイジィンジィンチァアボオウゥグゥアン
東方匯理銀行旧址／东方汇理银行旧址 dōng fāng huì lǐ yín háng jiù zhǐ ドォンファンフイリイインハァンジゥチイ
旧横浜正金銀行／横滨正金银行旧址 héng bīn zhèng jīn yín háng jiù zhǐ ヘンビンチェンジンインハァンジゥチイ
旧日本大使館／日本使馆旧址 rì běn shǐ guǎn jiù zhǐ リイベンシイグゥアンジゥチイ
旧フランス郵便局／法国邮政局旧址 fà guó yóu zhèng jú jiù zhǐ フゥアグゥオヨウチェンジュウジゥチイ
旧フランス大使館／法国使馆旧址 fà guó shǐ guǎn jiù zhǐ フゥアグゥオシイグゥアンジゥチイ
東交民巷天主堂／东交民巷天主堂 dōng jiāo mín xiàng tiān zhǔ táng ドンジアオミンシィアンティエンチュウタァン
旧ベルギー大使館／比利时使馆旧址 bǐ lì shí shǐ guǎn jiù zhǐ ビイリイシイシイグゥアンジゥチイ
翰林院遺跡／翰林院遗址 hàn lín yuàn yí zhǐ ハァンリンユゥエンイイチイ
旧イギリス大使館／英国使馆旧址 yīng guó shǐ guǎn jiù zhǐ イィングゥオシイグゥアンジゥチイ
旧新日本大使館／日本使馆旧址 rì běn shǐ guǎn jiù zhǐ リイベンシイグゥアンジゥチイ
旧フランス兵営跡／法国兵营旧址 fà guó bīng yíng jiù zhǐ ファアグゥオビィンインジゥチイ
旧オーストリア大使館／奥匈使馆旧址 ào xiōng shǐ guǎn jiù zhǐ アオシィオンシイグゥアンジゥチイ
旧イタリア大使館／意大利使馆旧址 yì dà lì shǐ guǎn jiù zhǐ イイダアリイシイグゥアンジゥチイ
鮮魚口街／鲜鱼口街 xiān yú kǒu jiē シィエンユウコォウジエ
西打磨廠街／西打磨厂街 xī dǎ mó chǎng jiē シイダアモオチァアンジエ

が店を構えた古い金融街が広がっていた。

中国鉄道博物館正陽門展館／中国铁道博物馆正阳门展馆 ★☆☆
zhōng guó tiě dào bó wù guǎn zhèng yáng mén zhǎn guǎn
ちゅうごくてつどうはくぶつかんせいようもんてんかん／チョングゥオティエダァオボオウウグゥアンチェンヤァンメンヂアングゥアン

　天安門広場の南東隅に接する中国鉄道博物館正陽門展館。1906年に建てられ、北京と遼寧省瀋陽を結ぶ京奉鉄路の正陽門東車駅がおかれていた。アーチをもつファザードのそばに、時計塔が立つ外観をしている。1959年に北京駅ができると役割を終え、2010年から中国鉄道博物館として開館した。「中国鉄路発展史」などの展示が見られる。

北京都市計画展覧館／北京市规划展览馆 ★☆☆
běi jīng shì guī huà zhǎn lǎn guǎn
ぺきんとしけいかくてんらんかん／ベイジィンシイグイフゥアヂアンラァングゥアン

　北京という街の発展をたどる展示が集められた北京都市計画展覧館。三方向を山に囲まれたこの地を立体的に表現した青銅彫刻「北京湾」、北京の過去と現在、未来を迫力ある映像で見る「不朽之城」「新北京」「未来北京」、1000分の1サイズの「北京旧城」などが見られる。会議室もそなえる4階建ての建物は2004年に開館した。

旧アメリカ大使館／美国使馆旧址 ★☆☆
měi guó shǐ guǎn jiù zhǐ
きゅうあめりかたいしかん／メイグゥオシイグゥアンジィウチイ

　前門東大街と東交民巷のあいだに位置した旧アメリカ大使館。アロー号事件後の1862年にアメリカは東交民巷に拠点を構え、その後、1903年に新たな大使館が建てられた。

これがかつての北京駅、中国鉄道博物館正陽門展館

東交民巷には近代建築がずらりとならぶ

アメリカ花旗銀行分行跡の北京警察博物館

こちらは旧横浜正金銀行

北京警察博物館／北京警察博物馆 ★☆☆
běi jīng jǐng chá bó wù guǎn
ぺきんけいさつはくぶつかん／ベェイジンジンチャアボオウヴゥアン

　周囲に20世紀に建てられた建築が残る東交民巷36号で、2001年に開館した北京警察博物館。アメリカの花旗銀行北京の分行跡で、ファザードに堂々とした4本の列柱が立つ西洋古典様式となっている（アメリカ国旗を「美しい旗」花旗といい、1812年に設立したシティバンクを花旗銀行と呼んだ）。北京警察博物館では、警察の歴史や職業の説明、警官の制服、中国の開国式典で使われた大砲などが見られる。

東方匯理銀行旧址／东方汇理银行旧址 ★☆☆
dōng fāng huì lǐ yín háng jiù zhǐ
とうほうわいりぎんこうきゅうし／ドォンファンフイリイインハァンジゥチイ

　東方匯理銀行は1875年に設立されたフランスの植民地銀行。フランスの植民地政策とともに各地へ進出し、北京の東方匯理銀行旧址は1917年に建てられた（イギリスの香港上海銀行、ドイツの德華銀行と同様の性格だった）。

旧横浜正金銀行／横滨正金银行旧址 ★☆☆
hèng bīn zhèng jīn yín háng jiù zhǐ
きゅうよこはましょうきんぎんこう／ヘンビンチェンジンインハァンジゥチイ

　東交民巷と正義路が交わる十字路に立つ旧横浜正金銀行。横浜正金銀行は1880年に設立された日本初の外為銀行で、日本の中国進出を金融面で支えた。北京の旧横浜正金銀行は、1910年に建てられた地上2階、地下1階からなる建物で、頭上にドームを載せる。

旧日本大使館／日本使馆旧址 ★☆☆
rì běn shǐ guǎn jiù zhǐ
きゅうにほんたいしかん／リイベンシイグゥアンジゥチイ

　灰色の建物、赤色の屋根を載せる旧日本大使館（中国との外

交交渉や居留民の世話を行なった)。1886年、東交民巷の四合院を購入し、その前部分を新築した。こちらは日本大使館の旧館で、のちに正義路の新館に移った。

旧フランス郵便局／法国邮政局旧址 ★☆☆
fǎ guó yóu zhèng jú jiù zhǐ
きゅうふらんすゆうびんきょく／フゥアグゥオヨウチェンジュウジィウチイ

　義和団事件後の1901年に結ばれた北京議定書以後、西欧各国が北京に進出した。旧フランス郵便局は、かつてHOTEL DE PEKIN(北京ホテル)と呼ばれていた。アーチ型の窓枠がリズムをつくる。当時、日本とフランスの大使館にはさまれて立っていた。

旧フランス大使館／法国使馆旧址 ★☆☆
fǎ guó shǐ guǎn jiù zhǐ
きゅうふらんすたいしかん／フゥアグゥオシイグゥアンジィウチイ

　アロー号事件をきっかけに1860年、イギリス、フランスの連合軍が北京を占領。フランスは東交民巷の純公府があった場所にフランス大使館を設立した。四合院様式の一部が利用され、東交民巷使館建築群のひとつを構成する。

東交民巷天主堂／东交民巷天主堂 ★☆☆
dōng jiāo mín xiàng tiān zhǔ táng
とうこうみんこうてんしゅどう／ドォンジィアオミンシィアンティエンチュウタァン

　旧フランス公使館のそばに立つキリスト教会の東交民巷天主堂。北京に暮らした西欧人のための礼拝堂で、1901年に建てられたのち、フランス人神父によって1904年に拡張された。2本の尖塔をもつゴシック様式の建物で、聖ミシェル堂とも呼ばれた。

印象的なファザードの旧フランス郵便局

アロー号事件を契機に進出した、旧フランス大使館

特徴的な屋根をもつ旧ベルギー大使館

キリスト教の礼拝が行なわれた東交民巷天主堂

旧ベルギー大使館／比利时使馆旧址 ★☆☆
bǐ lì shí shǐ guǎn jiù zhǐ
きゅうべるぎーたいしかん／ビイリイシイグゥアンジィウチイ

　凸型の屋根が3つならぶ特徴的な建築のベルギー大使館。『ベルギー公使夫人の明治日記』(エリアノーラ・メアリー・ダヌタン)には1900年前後の東交民巷についての記述が見られ、「義和団事件でベルギー大使館が真っ先に焼かれた」という。旧ベルギー大使館はその後、再建された。

翰林院遺跡／翰林院遗址 ★☆☆
hàn lín yuàn yí zhǐ
かんりんいんいせき／ハァンリィンユゥエンイイチイ

　故宮に近い東交民巷には、中央官衙がおかれていて、翰林院はそのうちのひとつ。詔書などの文書の起草をする場所で、この翰林院遺跡あたりでは、朝貢に訪れたベトナム、モンゴル、朝鮮、日本の使節の文字を翻訳する役人たちがいた(皇帝に謁見する外国の使節が滞在する鴻臚寺も東交民巷にあった)。

旧イギリス大使館／英国使馆旧址 ★☆☆
yīng guó shǐ guǎn jiù zhǐ
きゅういぎりすたいしかん／イィングゥオシイグゥアンジィウチイ

　イギリスと清朝で戦われたアヘン戦争(1840～42年)後の1854年、イギリスは領事を北京に派遣した。アロー号事件後の1860年に、イギリス、フランスの連合軍が北京を占領すると、東交民巷の惇親王府があった場所にイギリス大使館が設立された。現在の建物は20世紀初頭のもので、ベランダ様式をもつ、東交民巷の近代建築を代表する建物となっている。

旧新日本大使館／日本使馆旧址 ★☆☆
rì běn shǐ guǎn jiù zhǐ
きゅうしんにほんたいしかん／リイベンシイグゥアンジィウチイ

　正義路は、故宮から流れてくる御河(玉河)に沿って南北に走る。義和団事件後の1901年に北京議定書が結ばれ、西欧諸国が北京に進出し、1909年、日本は東交民巷の旧日本大使館から清朝の粛王府のあったこの地に移ってきた。新しい日本大使館にあたる(北京で知られた六国飯店も正義路沿いに立っていた)。

旧フランス兵営跡／法国兵营旧址 ★☆☆
fǎ guó bīng yíng jiù zhǐ
きゅうふらんすへいえいあと／ファアグゥオビィンインジィウチイ

　台基廠三条3号に残るフランス兵営旧址。フランス人の保護にあたったフランス軍の兵営がおかれていた。

旧オーストリア大使館／奥匈使馆旧址 ★☆☆
ào xiōng shǐ guǎn jiù zhǐ
きゅうおーすとらりあたいしかん／アオシィオンシイグゥアンジィウチイ

　台基廠頭条に位置する旧オーストリア大使館。オーストリアは1871年に中国大使を派遣し、1900年に義和団の焼き討ちを受けた後、この地で再建された。当時はオーストリア・ハンガリー帝国の大使館で、八カ国連合軍の一国を形成していた。

旧イタリア大使館／意大利使馆旧址 ★☆☆
yì dà lì shǐ guǎn jiù zhǐ
きゅういたりあたいしかん／イイダアリイシイグゥアンジィウチイ

　東交民巷の北東側、台基廠大街に残る旧イタリア大使館。1階建ての西欧風建築で、1910年ごろに建てられた。東交民巷使館建築群を形成する。

Qian Men
前門城市案内

故宮から真南に位置する巨大な前門
前門の南側には庶民の街外城が広がっていた
天壇をふくむ外城東半分が旧崇文区にあたる

前門(正陽門)／前门★★☆
qián mén
ぜんもん(せいようもん)／チエンメン

　かつての紫禁城の表玄関にあたり、皇族や旗人の暮らす内城と一般庶民の暮らす外城をわけた前門。高さ42mの楼門と箭楼が連なるようにそびえる。この門は普段閉ざされ、天壇での祭祀のときなどに公的な人々だけが通ることを許された(一般人は東の文明門、崇文門、西の順承門、宣武門を利用していた)。前門の東西に城壁が続き、北京内城の周囲をとり囲んでいた。

南におかれた正門

　前門は1420年、元の大都の正門である櫺星門があった場所に建てられ、中国の陰陽思想にちなんで、1437年に正陽門(前門の正式名称)と呼ばれるようになった。中国では伝統的に天子が南面する南(太陽の光が入る)を陽、北を陰とし、宮城においても、陽の男性は南側、陰の女性は北側を居住空間とした。

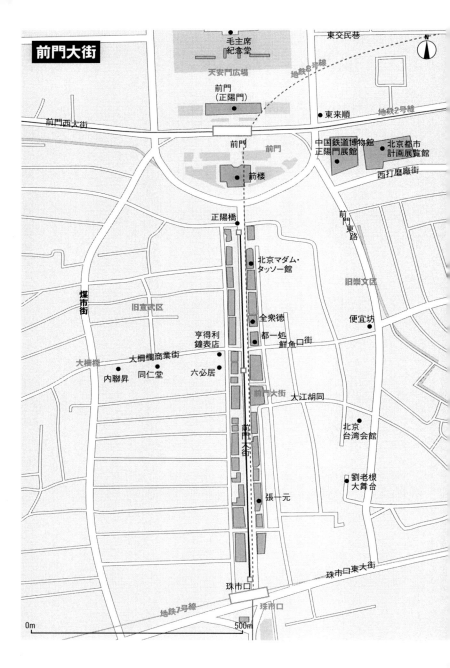

箭楼／箭楼★★☆
jiàn lóu
せんろう／ジィアンロウ

中国の城郭の主要な門では、防御を考えて楼門と箭楼が二重にそびえていた。南側の箭楼を入ると、両側に半円形状の城壁が広がり、侵入者をとり囲むことができた。この半円形の城壁は甕城またはその形から月城と呼ばれていた。

正陽橋／正阳桥★☆☆
zhèng yáng qiáo
せいようばし／チェンヤァンチィアオ

前門の南側にかかり、北京内城と北京外城を結んでいた正陽橋。満州族の暮らす内城と、漢族の暮らす外城は、この橋の南北で街の雰囲気が大きく異なっていた。清朝時代以来の極彩色の五牌楼が立つ。

★★★
前門大街／前门大街 qián mén dà jiē チェンメンダァジエ

★★☆
東交民巷／东交民巷 dōng jiāo mín xiàng ドンジャオミンシャン
前門(正陽門)／前门 qián mén チエンメン
箭楼／箭楼 jiàn lóu ジィアンロウ
全聚徳／全聚德 quán jù dé チュウアンジュウダァ
便宜坊／便宜坊 pián yí fāng ピィエンイイファン

★☆☆
正陽橋／正阳桥 zhèng yáng qiáo チェンヤァンチィアオ
都一処／都一处 dōu yī chù ドウイイチュウ
鮮魚口街／鲜鱼口街 xiān yú kǒu jiē シィエンユウコォウジエ
北京マダム・タッソー館／北京杜莎夫人蜡像馆 běi jīng dù shā fū rén là xiàng guǎn ベイジンドゥシャアフウレンラアシィアングゥアン
劉老根大舞台／刘老根大舞台 liú lǎo gēn dà wǔ tái リィウラオガンダアウウタイ
北京台湾会館／北京台湾会馆 běi jīng tái wān huì guǎn ベイジンタァイワァンフイグゥアン
珠市口／珠市口 zhū shì kǒu チュウシーコウ
中国鉄道博物館正陽門展館／中国铁道博物馆正阳门展馆 zhōng guó tiě dào bó wù guǎn zhèng yáng mén zhǎn guǎn チョングゥオティエダァオボオウウグゥアンチェンヤァンメンヂアングゥアン
北京都市計画展覧館／北京市规划展览馆 běi jīng shì guī huà zhǎn lǎn guǎn ベイジンシイグイフゥアヂアンラァングゥアン
西打磨廠街／西打磨厂街 xī dǎ mó chǎng jiē シイダアモオチャアンジエ

北京の正門にあたった前門(正陽門)

前門大街／前门大街★★★
qián mén dà jiē
ぜんもんだいがい／チェンメンダァジエ

　前門大街は清代から北京の目抜き通りだったところで、前門からまっすぐ南に伸びる。北京ダックの全聚徳、涮羊肉（羊肉のしゃぶしゃぶ）の東来順などの清代末から営業を続ける名店がならび、また近くの漢方薬の同仁堂、漬物の六必居なども伝統ある老舗として知られる。20世紀に入った中華民国時代になってから、それまで一般の立ち入りが制限されていた内城が開けるようになり、王府井や東単、西単などがにぎわうようになった。

庶民の町、外城のにぎわい

　皇帝、満州族の旗人の暮らした内城とちがって、庶民の街として発展した外城。旧宣武区と旧崇文区をわける前門大街を中心にこの通りと交差する大柵欄や各胡同は清代以来の伝統をもつ。天橋の劇場や茶館、崇文門外の羊肉市、コオロギ市場、玉器市場、文人たちが集まった瑠璃廠のほか、仏教、道教、イスラム教の寺院が集まっていた。外城に暮らす庶民や農民は門の開いている昼間に内城に物売りに出かけ、また内城に暮らす満州族の旗人はお金を出して料理店などを経営した（料理人には山東省出身者が多く、北京料理は山東料理を源流のひとつにする）。

全聚徳／全聚德★★☆
quán jù dé
ぜんしゅとく／チュウアンジュウダア

　全聚徳は清朝同治帝時代の1864年以来の歴史をもつ北京ダックの老舗。北京ダック（北京烤鴨）は生後50日前後のアヒル肉の全身に飴をぬって、かまど（烤炉）で焼きあげる。外はパリパリで、中はやわらかい（北京ダックは、もともと南京で金陵

北京ダックの名店、全聚徳の店構え

名店がずらりとならぶ前門大街

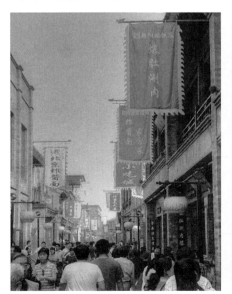
小吃店が連なる鮮魚口街

東来順は清朝末期の創業した

=南京ダックと呼ばれた明朝の高級料理で、明の北京遷都とともに北京に伝わった)。前門は全聚徳の発祥の地であり、今では全国に多くの店舗を構える。緑の屋根瓦に赤の柱、極彩色の外観、右から左に読む「全聚徳」の文言が見える。中華老字号のひとつ。

都一処／都一处 ★☆☆
dōu yī chù
といっしょ／ドウイイチュウ

　前門大街に店を構える都一処は、1738年に王瑞福がはじめた老舗シュウマイ店。1752年、清朝乾隆帝がお忍びの旅から北京前門に戻ってきたとき、大晦日のため王瑞福の店だけが開店していた。当時、店に名前はなかったが、「都一処（北京で1か所）」とたたえられ、乾隆帝の扁額を受けてから店ははやるようになった。豚肉、羊肉、海鮮などの餡の入ったさまざまなシュウマイを食べられる。

鮮魚口街／鲜鱼口街 ★☆☆
xiān yú kǒu jiē
せんぎょこうがい／シィエンユウコォウジエ

　前門大街から東に入った全長225mほどの小さな路地の鮮魚口街。鮮魚口街という名称は、明代、夏季の雨を排水するための水路がつくられ、そこで魚がとられたことに由来する（漁民がそのまま商いをするようになった）。現在は、美食街として整備され、北京ダックの老舗便宜坊も位置する。

便宜坊／便宜坊 ★★☆
pián yí fāng
べんぎぼう／ピィエンイイファン

　全聚徳とならぶ北京ダック店の老舗、便宜坊。明代の1416年の開業で、その味は明清時代を通じて北京人に親しまれてきた（北京ダックは南京から北京への遷都とともに伝わったといい、便

宜坊創始者の王氏も南方人だった)。当時は安くて、うまい、と知られた庶民的な店で、「便宜(安い)」という店名はそこに由来する。1885年、前門外鮮魚口街に店を開き、今では崇文地区を中心に多くの店舗を抱える。北京ダックのほか山東料理を出す。

北京マダム・タッソー館／北京杜莎夫人蜡像馆 ★☆☆
běi jīng dù shā fū rén là xiàng guǎn
ぺきんまだむたっそーかん／ベイジンドゥシャアフウレンラアシィアングゥアン

　老舎や梅蘭芳など北京ゆかりの人物はじめ、世界各地の著名人の蝋人形が見られる北京マダム・タッソー館。蝋人形館の創始者タッソーが、1835年に蝋人形館を建てて以来、香港や上海はじめ各地で見られるようになった。

劉老根大舞台／刘老根大舞台 ★☆☆
liú lǎo gēn dà wǔ tái
りゅうろうこんだいぶたい／リィウラオガンダアウウタイ

　前門大街から東に入った小江胡同で開館する劉老根大舞台。舞台が演じられ、ここ北京劇場のほか中国各地に劇場をもつ。

北京台湾会館／北京台湾会馆 ★☆☆
běi jīng tái wān huì guǎn
ぺきんたいわんかいかん／ベイジンタァイワァンフイグゥアン

　清朝末期の1890年前後以来の伝統をもつ北京台湾会館。当初は宣武門外にあったが、その後、前門界隈に遷り、現在は大江胡同に位置する。台湾人が北京で集まる会館として機能してきた。

この街に来たならぜひ食してみたい北京ダック

珠市口／珠市口 ★☆☆
zhū shì kǒu
しゅしこう／チュウシーコウ

　前門大街を南にくだったところに東西に走る珠市口大街(東が崇文区、西が宣武区となる)。かつてはここは高級店がならんでいた前門大街から、庶民の街である天橋へのさかいとなっていて、北が山の手、南が下町の様相をていしていた(商人のギルドが違っていたという)。

Chong Wen Xi Bu
崇文西部城市案内

北京外城の東半分にあたったのが崇文地区
前門近くでは明清時代の街区を今に伝え
細い路地が何本も走る

西打磨廠街／西打磨厂街 ★☆☆
xī dǎ mó chǎng jié
にしだだましょうがい／シイダアモオチャアンジエ

　西打磨廠街は前門から東に伸びる全長1145mの路地。明代、手工業者や職人の工房が集まっていたところから、通りの名前がつけられた（「打磨」とは磨きあげる、「廠」とは工場のこと）。あたりには会館、また北京駅への立地から旅館も多くあり、商業が発達していた。現在は古い面影を残す胡同（老街）となっている。

李蓮英故居／李莲英故居 ★☆☆
lǐ lián yìng gù jū
りれんえいこきょ／リイリィエンイングウジュウ

　清朝末期、西太后に仕えた宦官の李蓮英（1848〜1911年）の故居。河北省出身の李蓮英は、去勢して宮仕えをした男性で、西太后一番のお気に入りの側近であった（宮廷で西太后を説得できたのは李蓮英ら宦官だけだった）。李蓮英は内城から外城、旧城外まで多くの家をもっていて、ここ東興隆街には四合院様式の故居が残る。1908年の西太后の死後、李蓮英は故宮を離れ、その晩年についてはわかっていないことが多い。

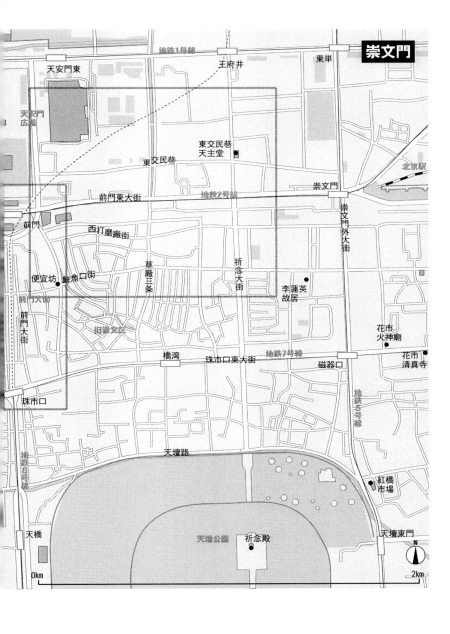

花市火神廟／花市火神庙 ★☆☆
huā shì huǒ shén miào
はないちかしんびょう／フゥアシイフゥオシェンミャオ

　周囲を高層ビルに囲まれた花市西大街に残る花市火神廟。正式名称を勅建火徳真君廟といい、明代の1568年に建てられた。火の神さまである火徳真君がまつられ、明清時代は毎月、廟市が開かれ、あたりはにぎわっていた。旧崇文区の図書館として利用されていたこともある。

花市清真寺／花市清真寺 ★☆☆
huā shì qīng zhēn sì
はないちせいしんじ／フゥアシイチィンチェンスー

　西花市大街に位置するイスラム礼拝堂の花市清真寺。明建国の功臣である常遇春(1330〜69年)の邸宅があった場所だと言われ、明代の1415年にモスクとなった。イスラム教徒の回族が礼拝に訪れる。清代に再建を繰り返し、緑色や黄色の屋根瓦がふかれた建築様式をもつ。また覆いかぶさるよ

★★★
天壇公園／天坛公园 tiān tán gōng yuán ティエンタンゴンユェン
祈念殿／祈念殿 qí niàn diàn チィニェンディエン
圜丘／圜丘 huán qiū フゥアンチュウ
前門大街／前门大街 qián mén dà jiē チェンメンダアジエ

★★☆
東交民巷／东交民巷 dōng jiāo mín xiàng ドンジャオミンシャン
前門(正陽門)／前门 qián mén チエンメン
便宜坊／便宜坊 pián yí fāng ピィエンイイファン

★☆☆
西打磨廠街／西打磨厂街 xī dǎ mó chǎng jiē シイダアモオチャアンジエ
李蓮英故居／李莲英故居 lǐ lián yīng gù jū リイリィエンイングウジュウ
花市火神廟／花市火神庙 huā shì huǒ shén miào フゥアシイフゥオシェンミャオ
花市清真寺／花市清真寺 huā shì qīng zhēn sì フゥアシイチィンチェンスー
鮮魚口街／鲜鱼口街 xiān yú kǒu jiē シィエンユウコォウジエ
珠市口／珠市口 zhū shì kǒu チュウシーコウ
紅橋市場／红桥市场 hóng qiáo shì chǎng ホンチャオシイチャアン
天橋／天桥 tiān qiáo ティエンチャオ
永定門／永定门 yǒng dìng mén ヨンディンメン
北京駅／北京站 běi jīng zhàn ベイジンチャン
崇文門／崇文门 chóng wén mén チョンウェンメン
東交民巷天主堂／东交民巷天主堂 dōng jiāo mín xiàng tiān zhǔ táng ドンジィアオミンシィアンティエンチュウタァン

図書館としても利用されたことのある花市火神廟

涮羊肉(シュワンヤンロン)は「しゃぶしゃぶ」の語源になった

回族が礼拝に訪れる花市清真寺

美しい衣装と化粧で飾った京劇の俳優

うな巨大な屋根に突き出す採光塔も見られる。

紅橋市場／红桥市场 ★☆☆
hóng qiáo shì chǎng
こうきょういちば／ホォンチャオシイチァアン

　地上5階、地下1階からなるショッピングモールの紅橋市場。「京城珍珠第一家」と言われ、ファーストフード、宝石、衣服、時計などさまざまな店舗が入居する。天壇公園のすぐそばに位置する。

天橋／天桥 ★☆☆
tiān qiáo
てんきょう／ティエンチャオ

　前門大街を1.5km南にくだったところにある天橋。かつて橋がかかっていたことからこの名前がつけられ、清代、庶民の活気でにぎわう北京随一の繁華街と言える場所だった。酒楼、劇場、遊郭、茶館などが一堂にかいする盛り場に、清朝の同治帝が紫禁城を抜け出して遊びにきたことでも知られる。

茶園で観劇

　前門界隈には茶園がいくつもあり、人々は茶を飲みながら観劇を楽しんだ。こうした茶館は各同郷の人々が集まる会館に付設されることが多く、中央は有力者向けの席、その両側に庶民が陣どった。京劇は清朝末期に大成されているが、当時は電気がなく、芸人は暗がりのなかで演技をしたという。

永定門／永定门 ★☆☆
yǒng dìng mén
えいていもん／ヨンディンメン

　天安門から前門をへて、南にくだったところに位置する高さ26mの永定門(「永世安寧」を意味する)。この門はちょうど外城の正門にあたり、北京をつらぬく中軸線の起点となっていた。明代の1553年に建てられ、その後、2003年に重建された。

Bei Jing Zhan
北京駅城市案内

**北京内城と外城を結ぶ地点に立つ北京駅
中国各地と北京を結ぶ列車が往来し
あふれるばかりの人が集まる**

北京駅／北京站 ★☆☆
běi jīng zhàn
ぺきんえき／ベイジンチャン

　北京駅は中国各地と北京を結ぶ中国最大規模の駅で、清朝の光緒帝がおさめる1901年に開業した歴史をもつ。開業当時は前門のすぐ東にあったが、1959年、中華人民共和国成立10周年を記念して、さらにその東に建設された。また平壌やウランバートル、モスクワへの国際列車も発着する。

崇文門／崇文门 ★☆☆
chóng wén mén
すうぶんもん／チョンウェンメン

　北京駅の西南にかつてそびえていた崇文門は現在、撤去され地名となって残っている。清代、崇文門の外側には、女性の装飾品や紙花が売られていた花市大街、現在はなくなったが明代に創建され、北京でも知られた道教廟の蟠桃宮(女性の神様をまつるところから娘娘廟と呼ばれていた)、薬の神様である薬王をまつる廟など民間信仰を集める寺院や廟などが見られた。

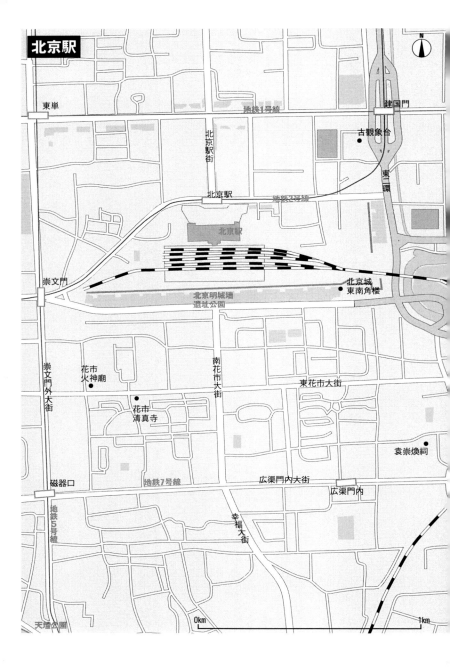

古観象台／古观象台 ★☆☆
gǔ guān xiàng tái
こかんしょうだい／グゥガンシャンタイ

　天体の運行をはかるため、内城城壁の東南隅につくられた観象台。元代の1442年に創建され、そこから明清時代を通じて、ここで天文観測が行なわれた。城壁上部の高台には、実際に使用された儀表などが陳列されており、清朝第4代康熙帝時代のフェルビーストによる天体儀、赤道経緯儀、黄道経緯儀、地平経儀、象限儀、起限儀、地平経緯儀、また第6代乾隆帝時代の機衡撫振儀などが見られる。西洋人宣教師アダム・シャールやフェルビーストは、清代、司天台、観星台、欽天監などと呼ばれた国立天文台長に任命されていた（元と明代はイスラム暦が使われたが、明末以降はより優れた西欧のものが使用され、暦の作成は宣教師の重要な仕事だった）。また陳列室には古代から歴代王朝時代にいたる天体観測の記録が展示されている。

観象台のはじまり

　天体の運行を把握することは、北極星を皇帝に見立て、農耕社会を基盤とする中国では、もっとも重要な仕事のひとつであった。北京に都をおいた金は、南の宋にならって、天を観測する太史局をもうけ、観象台を都城の東南隅においていた（宋の都開封から儀器を運んできたという）。元の大都が建設されると、1279年、太子院が整備され、王恂、郭守敬といった

★☆☆
北京駅／北京站 běi jīng zhàn ベイジンチャン
崇文門／崇文门 chóng wén mén チョンウェンメン
古観象台／古观象台 gǔ guān xiàng tái グゥガンシャンタイ
北京城東南角楼／北京城东南角楼 běi jīng chéng dōng nán jiǎo lóu ベイジンチェンドンナンジャオロウ
花市火神廟／花市火神庙 huā shì huǒ shén miào フゥアシイフゥオシェンミャオ
花市清真寺／花市清真寺 huā shì qīng zhēn sì フゥアシイチィンチェンスー
袁崇煥祠／袁崇焕祠 yuán chóng huàn cí ユゥエンチョンフゥアンツウ

北京と各地を結ぶ鉄道の北京駅

北京駅前の広場はいつもにぎわっている

天文観測器具が見える古観象台

北京城東南角楼近く、城壁が残っている

学者が天体観測を行なうことになった。なおモンゴル族の元では、西方のイスラム教徒(色目人)が重用され、当時最先端にあったイスラム暦がとりいれられた。このイスラム暦をもとにした暦の使用は、明代も続いたが、大航海時代を迎えて中国に現れた西欧人宣教師のもつ西洋暦がより優れていると証明され、暦の作成などで西欧人宣教師は中国宮廷にとり入れられるようになった。

北京城東南角楼／北京城东南角楼 ★☆☆
běi jīng chéng dōng nán jiǎo lóu
ぺきんじょうとうなんかくろう／ベイジンチェンドンナンジャオロウ

かつて北京の街をとり囲んだ24kmもの城郭のほとんどは20世紀の中華人民共和国建国後に撤去されて、環状道路となった。こうしたなか東南隅の城壁が100mほど残り、防衛のために設けられた巨大な角楼が見られる(北京内城の四隅と外城の二隅にあった角楼のひとつ)。

Machi No Kousei
北京街の構成と外城

北京南郊外にあった天壇
それを囲むようにして外城の城壁がめぐらされた
かつて北京城と呼ばれた城市の姿

祭祀壇の配置

　南の永定門から前門、天安門、故宮をへて、景山、鼓楼、鐘楼をつらぬく軸線を中心に左右対称の構成を見せる北京の街。皇帝の暮らした故宮を中心に南に天壇、北に地壇、東に日壇、西に月壇が配置され、この街からは強い中華の秩序を見ることができる。現在の祭祀壇の配置は、明の第12代嘉靖帝の時代(16世紀)に整備されたもので、冬至に天壇、春分に日壇、夏至に地壇、秋分に月壇で祭祀が行なわれた(当初、天地の神を合祀していたがそれがわけられた。またこの時代に内城の南に外城も築かれた)。

外城とは

　明代に入ってからもモンゴル族は北方でなお勢力をたもち、度々、長城を越えて明の領土を脅かしていた(北元)。1449年の土木の変では、明の第6代正統帝がオイラート族のエセンにとらえられ、首都北京が包囲されるなど危機に陥いることもあった。1550年の庚戌の変でも北京がモンゴルに包囲され、第12代嘉靖帝は北京の南にできていた新市街を守るために新しい城壁を整備することを決めた。当初は開封のように都市全体を四方から囲む予定だったが、予算が充

祭壇と城門（清代の北京）

『北京案内記』(安藤更生/新民印書館)
をもとに作成。

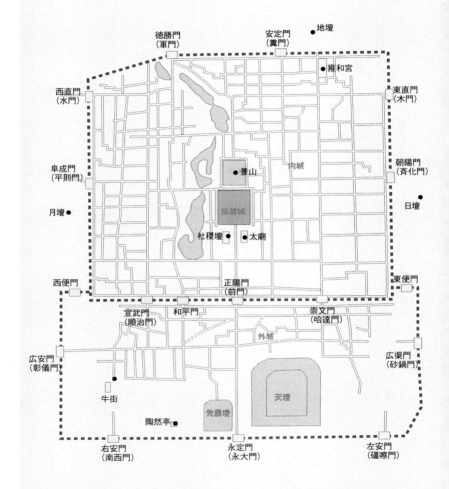

繰り返し造営された都と城郭

各時代の城の変遷。『北京の史蹟』
(繭山康彦/平凡社)をもとに作成。

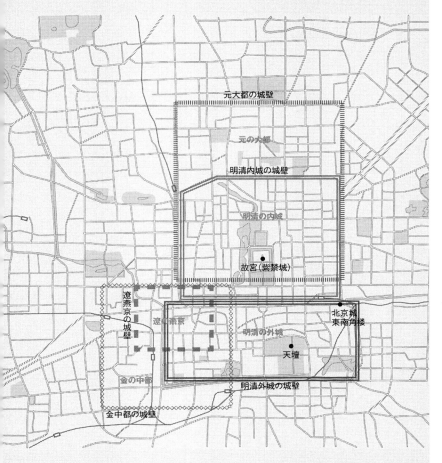

遼の燕京　10〜12世紀
金の中都　12〜13世紀
元の大都　13〜14世紀
明清の内城　14〜20世紀
明清の外城　16〜20世紀

北側の徳勝門は万里の長城への起点になる

巨大な箭楼が立つかつての城郭をしのばせる

北京城東南角楼、ほぼ完全な姿を残す

涮羊肉（羊のしゃぶしゃぶ）で知られる東来順。前門近く

分でなかったため南側だけに新たな城壁ができた。この新たな南側の城壁内を外城と呼び、もとの北京城を内城という。1644年、明に代わって清の順治帝が北京に入城すると、内城の住民を外城に移し、内城は満州族の旗人が住んだため、外城は漢族が暮らす庶民の街となった。

北京城を囲む門とその呼称

　北京の内城をとり囲む城壁に立つ門には正式名称と、庶民がつけた俗称があり、たとえば北京の正門である正陽門は、前門というように呼びならわされていた。内城と外城を結ぶ門は朝6時に開門し、夜9時には閉門され、夜間に出入りができないようになっていた。1900年の義和団の乱後、連合軍によって水門などが開かれ、また1949年の中華人民共和国成立後、城壁の大部分がとり除かれた。

Chong Wen Dong Bu
崇文東部城市案内

北京外城南東隅には豊かな水をたたえる
龍潭公園が位置する
北京駅から伸びる線路が街を縦断する

京城百工坊／京城百工坊 ★☆☆
jīng chéng bǎi gōng fāng
けいじょうひゃくこうぼう／ジィンチャンバァイゴォンファン

　北京の伝統工芸品を一堂に集めた京城百工坊。明清時代、中国全土から優れた職人を北京に集め、外城に職人の工房があり、それらを百工坊と呼んだ(「百工」という言葉は春秋戦国時代の『考工記』に現れる)。象牙細工、玉石細工、泥人形、刺繍、絨毯、剪紙。その歴史や技術に関する展示が見られる工芸博物館となっている。

袁崇煥祠／袁崇煥祠 ★☆☆
yuán chóng huàn cí
えんすうかんほこら／ユゥエンチョンフゥアンツウ

　明末期に生きた東莞出身の武将袁崇煥(1584〜1630年)。勢力を拡大させる清軍に対して、寧遠(錦州興城県)の防御にあたり、1626年、ヌルハチをポルトガル砲で敗退させている。その後、1629年、清軍がモンゴルをまわって北京に迫ろうとすると、袁崇煥は9000の兵を率いて急いで北京に戻り、広渠門で清軍に勝利した。しかし、讒言にあって処刑され、以後、明の防衛力は落ち、やがて清軍に北京を明け渡すことになった。袁崇煥祠は清代の1782年に建てられ、その後、いくどか再建されて現在にいたる。袁督師崇煥公像が立ち、「大

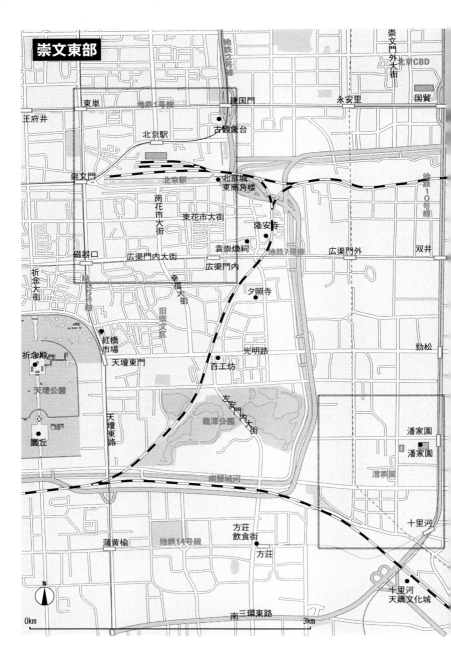

明英烈袁崇煥祠」の文言も見える。

隆安寺／隆安寺 ★☆☆
lóng ān sì
りゅうあんじ／ロオンアンスー

明代の1454年に建立された仏教寺院の隆安寺。北京外城の広渠門内にあり、山門から天王殿、大雄宝殿、後殿というように軸線上に建物がならぶ。明代のコノテガシワはじめ、古樹や石碑が残る。

夕照寺／夕照寺 ★☆☆
xì zhào sì
ゆうしょうじ／シイチャオスー

燕京八景の「金台夕照」から寺院名がとられた仏教寺院の夕照寺。明代の創建と考えられ、「古跡夕照寺」の額が見える山門から本殿にあたる大雄宝殿、仏教絵画の残る大悲殿へと伽藍が展開する。夕照寺の門前の通りは夕照寺中街となっている。

★★★
天壇公園／天坛公园 tiān tán gōng yuán ティエンタンゴンユエン
祈念殿／祈念殿 qí niàn diàn チィニェンディエン
圜丘／圜丘 huán qiū フゥアンチュウ
★☆☆
潘家園／潘家园 pān jiā yuán パンジャアユェン
北京城東南角楼／北京城东南角楼 běi jīng chéng dōng nán jiǎo lóu ベイジンチェンドンナンジャオロウ
京城百工坊／京城百工坊 jīng chéng bǎi gōng fāng ジンチャンバァイゴンファン
袁崇煥祠／袁崇焕祠 yuán chóng huàn cí ユウエンチョンフゥアンツウ
隆安寺／隆安寺 lóng ān sì ロオンアンスー
夕照寺／夕照寺 xì zhào sì シイチャオスー
龍潭公園／龙潭公园 lóng tán gōng yuán ロンタンゴンユェン
方荘飲食街／方庄饮食街 fāng zhuāng yǐn shí jiē ファンチュウアンインシイジエ
南護城河／南护城河 nán hù chéng hé ナァンフウチェンハア
十里河天嬌文化城／十里河天娇文化城 shí lǐ hé tiān jiāo wén huà chéng シイリイハアティエンジィアオウェンフゥアチェン
北京駅／北京站 běi jīng zhàn ベイジンチャン
崇文門／崇文门 chóng wén mén チョンウェンメン
古観象台／古观象台 gǔ guān xiàng tái グゥガンシャンタイ

豪華絢爛な衣装で演じられる

箭楼の南が外城の領域だった

龍潭公園／龙潭公园 ★☆☆
lóng tán gōng yuán
りゅうたんこうえん／ロンタンゴンユェン

　旧崇文区の東南に位置し、広大な敷地面積をもつ龍潭公園。龍潭湖には小さな島が浮かび、またそのほとりに中国式庭園や楼閣が立つ。

方荘飲食街／方庄饮食街 ★☆☆
fāng zhuāng yǐn shí jiē
ほうそういんしょくがい／ファンチュウアンインシイジエ

　北京市街から少し離れた南部に位置するグルメストリートの方荘飲食街。北京でもっとも古い美食街で、方荘団地の建設とともにつくられた。簋街から移ってきた金鼎軒はじめ、各地の中華料理、西欧料理など豊富な多くのグルメ店がならぶ。

Pan Jia Yuan
潘家園城市案内

週末になると多くの人が集まる潘家園
中国古今東西の骨董品がならび
潘家園を尋ねることを楽しみにする人も多い

潘家園／潘家园 ★☆☆
pān jiā yuán
はんかえん／パンジャアユェン

　潘家園は北京東南部に位置する北京最大規模の骨董市。1992年ごろから売り手と買い手が集まるようになり、露店と店舗が見られる(かつては夜明け前に行う骨董市場の鬼市と呼ばれた)。古建房区、古典家具区、現代収蔵区、石彫石刻区などからなり、玉や宝飾品、陶磁器や絵画、茶器、チベットのタンカ、纏足用の靴、少数民族のアクセサリーといった多彩な品々が一堂に介している。唐宋時代、また明清時代の骨董品というものでも、模造品が多く、買い手は粘り強い値段交渉と目を肥やす必要がある。なかには芸術的価値の高い本物もある。

南護城河／南护城河 ★☆☆
nán hù chéng hé
みなみごじょうがわ／ナァンフウチェンハア

　明清時代の北京は、凸字型をしていて、その下部が漢族の暮らす外城にあたった(北京外城は明代の1564年に造営された)。南護城河は北京外城の周囲にめぐらされた濠で、外城の南側の中心(正門)に永定門が、その左右に左安門と右安門、側部に広渠門と広安門がおかれていた。

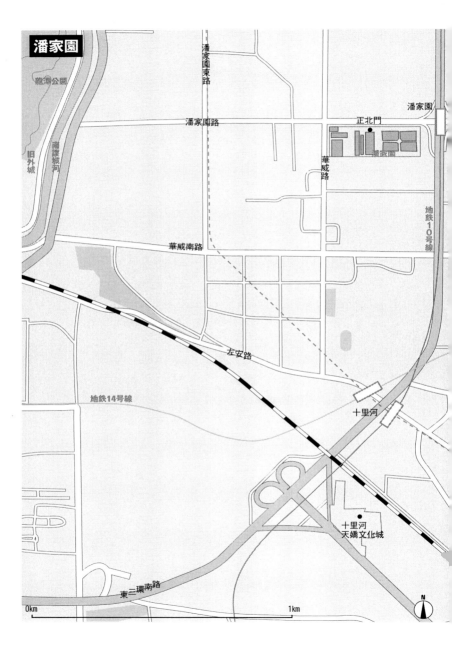

十里河天嬌文化城／十里河天娇文化城 ★☆☆
shí lǐ hé tiān jiāo wén huà chéng
じゅうりがてんきょうぶんかじょう／シイリイハアティエンジィアオウェンフゥアチェン

　北京南東郊外に位置し、北京の庶民文化を伝える十里河天嬌文化城。北京伝統の植木や小鳥、金魚、鈴虫などを扱う店がならぶ。北京の人はコオロギを戦わせ、鳩に笛をつけて鳩笛を楽しむなど、昆虫や動物に愛着をもってきた。

★☆☆
潘家園／潘家园 pān jiā yuán パンジャアユェン
南護城河／南护城河 nán hù chéng hé ナァンフウチェンハア
十里河天嬌文化城／十里河天娇文化城 shí lǐ hé tiān jiāo wén huà chéng シイリイハアティエンジィアオウェンフゥアチェン
龍潭公園／龙潭公园 lóng tán gōng yuán ロンタンゴンユェン

潘家園の近くの料理店にて、山盛りのポテト

北京城東南角楼、保存状態はよい

… Tentan To Koyomi
天壇と暦制定の歩み

漢の時代に整備された儒教的な礼制
天をまつり暦を制定することが
皇帝の重要な役割となっていた

儒教の国教化と天への祭祀

　紀元前221年、秦の始皇帝は中国を統一し、天をまつる封禅の儀が行なわれた。秦では刑罰を重視する「現実主義の法家」が重んじられたが、続く漢代になると徳をもって統治する「理想主義の儒家」が台頭するようになった。とくに武帝の時代(紀元前2～前1世紀)に儒教が国教化され、その後の王莽の登場で、「南郊に天をまつり、北郊に地をまつる」という天を中心とする儒教の礼制が整備された(王莽は漢の宮廷に仕えたのち、新を樹立したが、15年で滅んで後漢がはじまった)。以後、天地をまつる祭祀は圜丘、方丘の制度とともに、歴代王朝に踏襲されて20世紀初頭の清朝まで続いている。

北京、天壇のはじまり

　12世紀の金代、この地へ遷都した海陵王によって、中都(今の北京南西)の南郊外に北京ではじめての天壇が築かれた。続いて大都を造営したモンゴル族の元でも、1294年から1305年にかけて天壇が設けられた。モンゴルの支配はユーラシア全域にわたったため、西方からイスラム天文学が中国に伝わり、天を把握するのにイスラム暦が重宝されることになった(清初の西洋天文学に替わるまでそれは続いた)。

明代の天壇と暦

　明の都が北京に遷都されると、元代から郊壇があった場所に天壇が造営され、1420年、紫禁城とともに完成した。天壇をはじめとする祭祀の方法や礼制は第12代嘉靖帝の時代(16世紀)に改革され、天と地、日と月をまつる壇にわけられることになった。またこの時代に外城が整備されたため、天壇は北京城の内部にとりこまれた。明代、西欧の進んだ天文や科学技術をもつことからマテオ・リッチやアダム・シャールなどのキリスト教宣教師が中国の宮廷でも重んじられるようになっていた。

清代の天壇と暦

　のちに清を樹立する満州族のあいだでは、シャーマニズムによる祭祀が行なわれ、東北の本拠である瀋陽に小さな規模の天壇があった(天への祭祀は北方民族に共通する)。1644年に北京に都がうつされると、明から受け継いだ天壇で告天の儀が行なわれ、やがて乾隆帝の時代(1748年)、天壇の大規模な拡張が行なわれた(清代には北斗七星を神に見立てるようになるなど、満州族の要素と漢族の伝統が融合した)。明代の暦を改暦するのに清代では西洋天文学をもちいて正式な暦が制定され

暦で「とき」「行事」が定められた

北京城東南角楼近くの古観象台、ここで天を観測した

祈年殿がつくる小陰で休む人々

清朝以来の伝統を今に伝える北京外城

ることになった。一方で中国の伝統的な暦法である太陰太陽暦は使用され続けた。

近代の天壇と暦

　1900年、義和団事件にあたって北京は外国軍の侵攻を受け、天壇の敷地はイギリス軍の駐屯地となった。このとき樹木が切り倒され、皇帝の位牌、祭器、祭具が略奪されるなどの被害を受けている。また1912年、清朝が滅び、中華民国が樹立されるとそれまで2000年以上続いた皇帝が廃止され、皇帝や天と密接に関わりのあった暦も中国の伝統である太陰太陽暦から太陽暦へと改暦された（農耕社会を基盤にする中国では、実生活では太陰太陽暦が使われ続けた）。また清朝の有力者で中華民国初期の軍閥袁世凱は、自らが皇帝となる帝政復活をねらって、1914年、この天壇で南郊祭天を行なっている。

参考文献

『天壇』(石橋丑雄/山本書店)
『中国思想文化事典』(溝口雄三・丸山松幸・池田知久/東京大学出版会)
『中国の歴史2 秦漢帝国』(西嶋定生/講談社)
『中国の天文暦法』(藪内清/平凡社)
『中国の科学文明』(藪内清/岩波書店)
『石田英一郎全集』(石田英一郎/筑摩書房)
『北京の史蹟』(繭山康彦/平凡社)
『中国世界遺産の旅1』(石橋崇雄/講談社)
『北京市崇文区志』(北京市崇文区地方志編纂委員会/北京出版社)
『全調査東アジア近代の都市と建築』(監修藤森照信・汪坦/筑摩書房)
『世界大百科事典』(平凡社)
北京観光の公式サイト・北京旅行網http://japan.visitbeijing.com.cn/
[PDF]北京空港案内http://machigotopub.com/pdf/beijingairport.pdf
[PDF]北京地下鉄路線図http://machigotopub.com/pdf/beijingmetro.pdf

まちごとパブリッシングの旅行ガイド
Machigoto INDIA , Machigoto ASIA , Machigoto CHINA

北インド-まちごとインド

- 001　はじめての北インド
- 002　はじめてのデリー
- 003　オールド・デリー
- 004　ニュー・デリー
- 005　南デリー
- 012　アーグラ
- 013　ファテープル・シークリー
- 014　バラナシ
- 015　サールナート
- 022　カージュラホ
- 032　アムリトサル

西インド-まちごとインド

- 001　はじめてのラジャスタン
- 002　ジャイプル
- 003　ジョードプル
- 004　ジャイサルメール
- 005　ウダイプル
- 006　アジメール(プシュカル)
- 007　ビカネール
- 008　シェカワティ

- 011　はじめてのマハラシュトラ
- 012　ムンバイ
- 013　プネー
- 014　アウランガバード
- 015　エローラ
- 016　アジャンタ
- 021　はじめてのグジャラート
- 022　アーメダバード
- 023　ヴァドダラー(チャンパネール)
- 024　ブジ(カッチ地方)

東インド-まちごとインド

- 002　コルカタ
- 012　ブッダガヤ

南インド-まちごとインド

- 001　はじめてのタミルナードゥ
- 002　チェンナイ
- 003　カーンチプラム
- 004　マハーバリプラム

005　タンジャヴール
006　クンバコナムとカーヴェリー・デルタ
007　ティルチラパッリ
008　マドゥライ
009　ラーメシュワラム
010　カニャークマリ
021　はじめてのケーララ
022　ティルヴァナンタプラム
023　バックウォーター（コッラム～アラップーザ）
024　コーチ（コーチン）
025　トリシュール

ネパール-まちごとアジア

001　はじめてのカトマンズ
002　カトマンズ
003　スワヤンブナート
004　パタン
005　バクタプル
006　ポカラ
007　ルンビニ
008　チトワン国立公園

バングラデシュ-まちごとアジア

001　はじめてのバングラデシュ
002　ダッカ
003　バゲルハット（クルナ）
004　シュンドルボン
005　プティア
006　モハスタン（ボグラ）
007　パハルプール

パキスタン-まちごとアジア

002　フンザ
003　ギルギット（KKH）
004　ラホール
005　ハラッパ
006　ムルタン

イラン-まちごとアジア

001　はじめてのイラン
002　テヘラン
003　イスファハン
004　シーラーズ
005　ペルセポリス
006　バサルガダエ（ナグシェ・ロスタム）
007　ヤズド
008　チョガ・ザンビル（アフヴァーズ）
009　タブリーズ
010　アルダビール

北京-まちごとチャイナ

001　はじめての北京
002　故宮（天安門広場）
003　胡同と旧皇城
004　天壇と旧崇文区
005　瑠璃廠と旧宣武区
006　王府井と市街東部
007　北京動物園と市街西部
008　頤和園と西山
009　盧溝橋と周口店
010　万里の長城と明十三陵

天津-まちごとチャイナ

001　はじめての天津
002　天津市街
003　浜海新区と市街南部
004　薊県と清東陵

上海-まちごとチャイナ

001　はじめての上海
002　浦東新区
003　外灘と南京東路
004　淮海路と市街西部
005　虹口と市街北部
006　上海郊外（龍華・七宝・松江・嘉定）
007　水郷地帯（朱家角・周荘・同里・甪直）

河北省-まちごとチャイナ

001　はじめての河北省
002　石家荘
003　秦皇島
004　承徳
005　張家口
006　保定
007　邯鄲

江蘇省-まちごとチャイナ

001　はじめての江蘇省
002　はじめての蘇州
003　蘇州旧城
004　蘇州郊外と開発区
005　無錫
006　揚州
007　鎮江
008　はじめての南京
009　南京旧城
010　南京紫金山と下関
011　雨花台と南京郊外・開発区
012　徐州

浙江省-まちごとチャイナ

001　はじめての浙江省
002　はじめての杭州
003　西湖と山林杭州
004　杭州旧城と開発区
005　紹興
006　はじめての寧波
007　寧波旧城
008　寧波郊外と開発区
009　普陀山
010　天台山
011　温州

福建省-まちごとチャイナ

001　はじめての福建省
002　はじめての福州
003　福州旧城
004　福州郊外と開発区
005　武夷山
006　泉州

007　厦門
008　客家土楼

広東省-まちごとチャイナ

001　はじめての広東省
002　はじめての広州
003　広州古城
004　天河と広州郊外
005　深圳（深セン）
006　東莞
007　開平（江門）
008　韶関
009　はじめての潮汕
010　潮州
011　汕頭

遼寧省-まちごとチャイナ

001　はじめての遼寧省
002　はじめての大連
003　大連市街
004　旅順
005　金州新区
006　はじめての瀋陽
007　瀋陽故宮と旧市街
008　瀋陽駅と市街地
009　北陵と瀋陽郊外
010　撫順

重慶-まちごとチャイナ

001　はじめての重慶
002　重慶市街
003　三峡下り（重慶～宜昌）
004　大足
005　重慶郊外と開発区

四川省-まちごとチャイナ

001　はじめての四川省
002　はじめての成都
003　成都旧城
004　成都周縁部
005　青城山と都江堰
006　楽山
007　峨眉山
008　九寨溝

香港-まちごとチャイナ

001　はじめての香港
002　中環と香港島北岸
003　上環と香港島南岸
004　尖沙咀と九龍市街
005　九龍城と九龍郊外
006　新界
007　ランタオ島と島嶼部

マカオ-まちごとチャイナ

001　はじめてのマカオ
002　セナド広場とマカオ中心部
003　媽閣廟とマカオ半島南部
004　東望洋山とマカオ半島北部
005　新口岸とタイパ・コロアン

011　バスに揺られて「自力で潮州」
012　バスに揺られて「自力で汕頭」
013　バスに揺られて「自力で温州」
014　バスに揺られて「自力で福州」
015　メトロに揺られて「自力で深圳」

Juo-Mujin（電子書籍のみ）

Juo-Mujin香港縦横無尽
Juo-Mujin北京縦横無尽
Juo-Mujin上海縦横無尽
Juo-Mujin台北縦横無尽
見せよう! 上海で中国語
見せよう! 蘇州で中国語
見せよう! 杭州で中国語
見せよう! デリーでヒンディー語
見せよう! タージマハルでヒンディー語
見せよう! 砂漠のラジャスタンでヒンディー語

自力旅游中国Tabisuru CHINA

001　バスに揺られて「自力で長城」
002　バスに揺られて「自力で石家荘」
003　バスに揺られて「自力で承徳」
004　 船に揺られて「自力で普陀山」
005　バスに揺られて「自力で天台山」
006　バスに揺られて「自力で秦皇島」
007　バスに揺られて「自力で張家口」
008　バスに揺られて「自力で邯鄲」
009　バスに揺られて「自力で保定」
010　バスに揺られて「自力で清東陵」

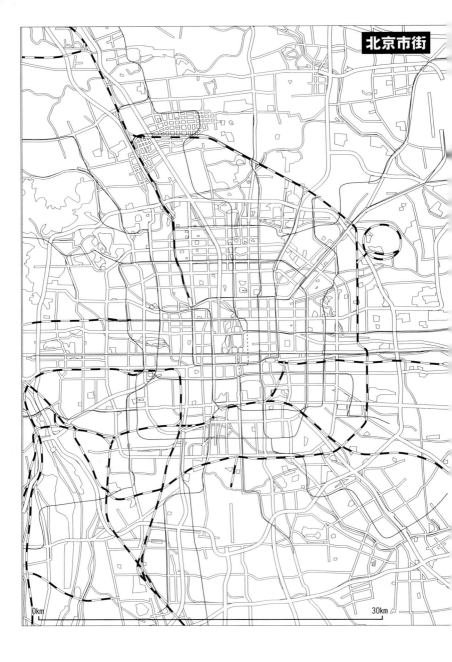

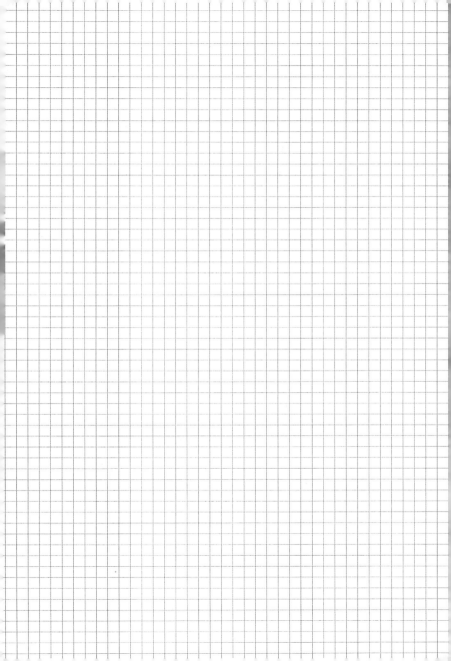

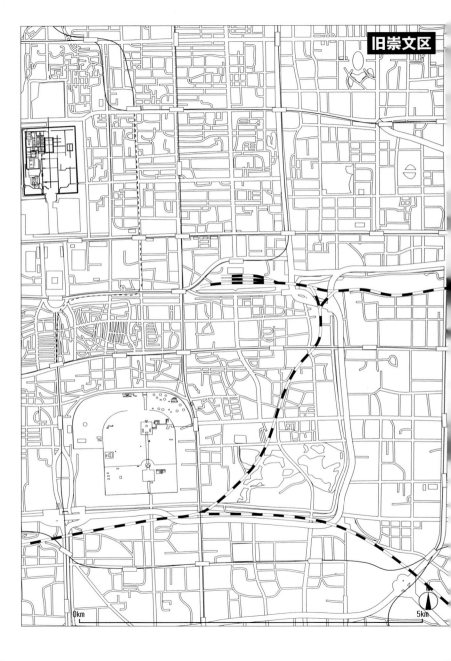

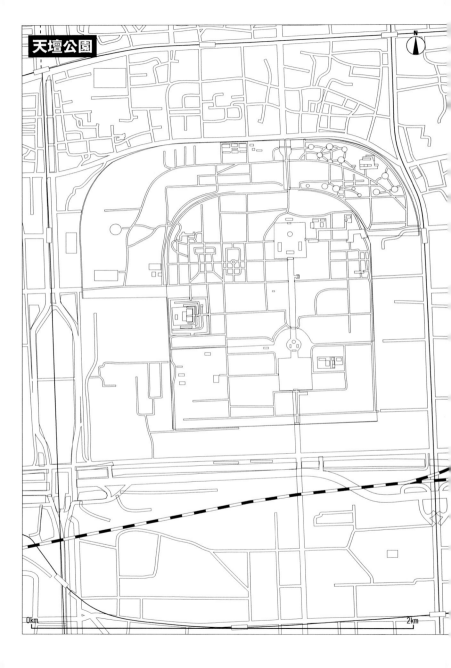

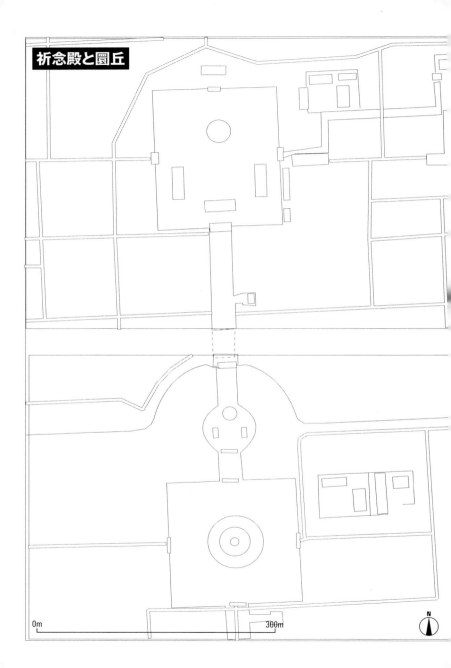

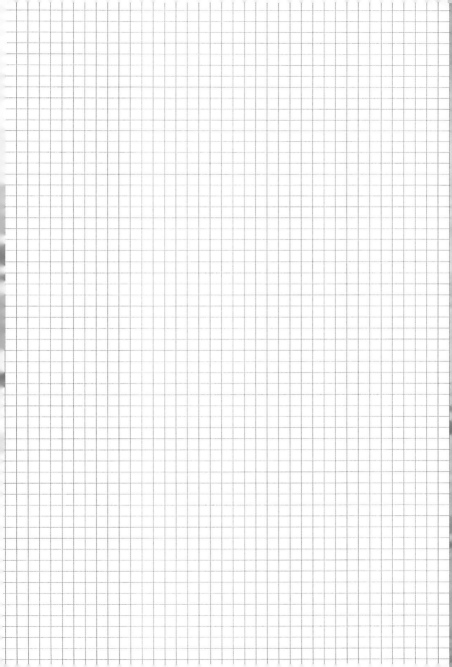

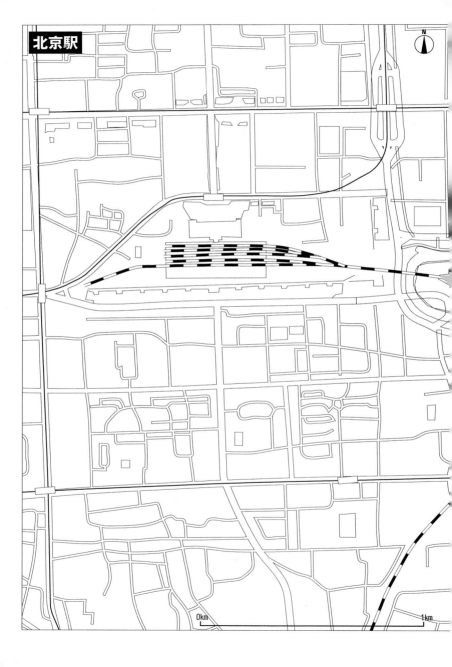

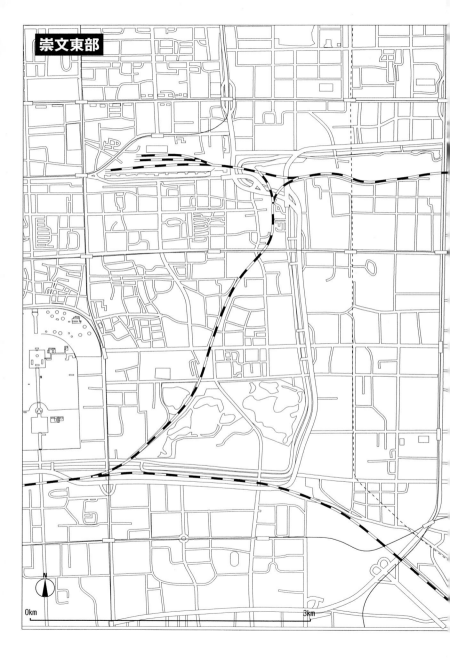

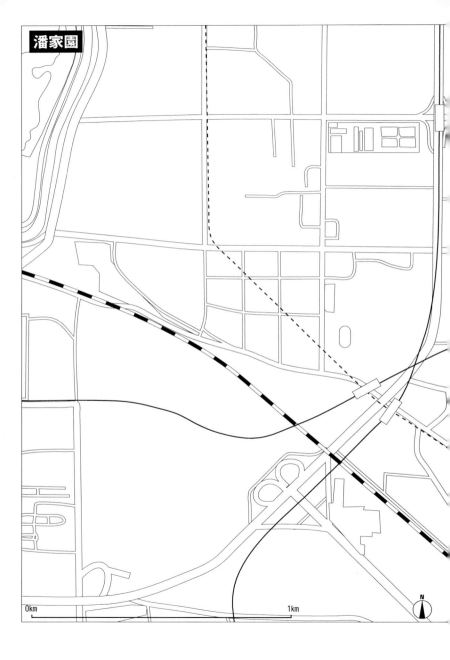

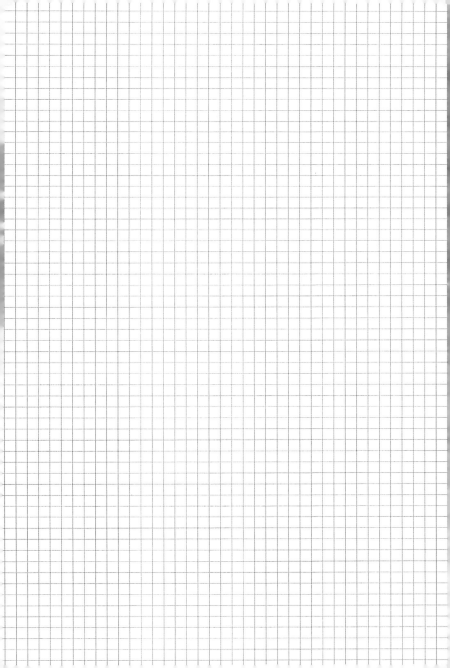

【車輪はつばさ】
南インドのアイラヴァテシュワラ寺院には
建築本体に車輪がついていて
寺院に乗った神さまが
人びとの想いを運ぶと言います

An amazing stone wheel of the Airavatesvara Temple
in the town of Darasuram, near Kumbakonam in the South India

まちごとチャイナ
北京 004

天壇と旧崇文区
外城と「天」への祭祀
［モノクロノートブック版］

「アジア城市（まち）案内」制作委員会
まちごとパブリッシング
http://machigotopub.com

・本書はオンデマンド印刷で作成されています。
・本書の内容に関するご意見、お問い合わせは、発行元の
　まちごとパブリッシング info@machigotopub.com までお願いします。

まちごとチャイナ
新版 北京004天壇と旧崇文区
〜外城と「天」への祭祀

2019年 11月12日　発行

著　者	「アジア城市（まち）案内」制作委員会
発行者	赤松　耕次
発行所	まちごとパブリッシング株式会社
	〒181-0013　東京都三鷹市下連雀4-4-36
	URL http://www.machigotopub.com/
発売元	株式会社デジタルパブリッシングサービス
	〒162-0812　東京都新宿区西五軒町11-13
	清水ビル3F
印刷・製本	株式会社デジタルパブリッシングサービス
	URL http://www.d-pub.co.jp/

MP219

ISBN978-4-86143-367-2 C0326　　　　Printed in Japan
本書の無断複製複写（コピー）は、著作権法上での例外を除き、禁じられています。